DES

ATTRIBUTIONS

DU SÉNAT

PARIS. — IMPRIMERIE DE CH. LAHURE ET Cie
Rues de Fleurus, 9, et de l'Ouest, 21

DES

ATTRIBUTIONS

DU SÉNAT

PAR

LE MARQUIS DE BELBEUF

SÉNATEUR

Premier président honoraire de la Cour impériale de Lyon

officier de la Légion d'honneur

PARIS

IMPRIMERIE DE CH. LAHURE ET Cie

RUES DE FLEURUS, 9, ET DE L'OUEST, 21

1861

Les réflexions contenues dans cet écrit me sont survenues en lisant les anciennes Constitutions de l'Empire et en étudiant la Constitution qui régit la France aujourd'hui.

Je livre ici à la publicité *mes impressions personnelles.*

DES

ATTRIBUTIONS

DU SÉNAT

I

Pour connaître l'étendue des pouvoirs dont le Sénat du nouvel Empire est investi par la Constitution de 1852, il est indispensable d'examiner avec soin de quelle manière le Sénat comprenait, sous Napoléon Ier, ses attributions, et comment il les exerça jusqu'en 1814, époque de sa chute.

Ces pouvoirs furent fixés par la célèbre Constitution de l'an VIII, modifiée depuis par les Sénatus-consultes des 4 août 1802 et 18 mai 1804.

En l'an VIII le gouvernement du Directoire expirait.

On reconnaissait enfin qu'une république était impossible en France. Le général Bonaparte profita de cette disposition générale des esprits pour s'emparer du pouvoir aux applaudissements de la majorité des Français.

Il fallait de toute nécessité fonder, au milieu de tant de ruines et à la suite de si cruelles calamités, un gouvernement nouveau.

Le général Bonaparte s'environna, pour ce grand œuvre, de tous les hommes modérés à quelque opinion qu'ils appartinssent, de ceux même, qui le croirait! qui par leurs votes semblaient avoir à jamais divorcé avec la royauté.

Qui pouvait, en effet, mieux connaître que ces hommes l'esprit révolutionnaire et combiner les moyens énergiques à employer pour écarter à jamais sa domination?

La plupart, même les plus coupables envers la royauté, n'avaient arraché que par miracle leur tête à l'échafaud révolutionnaire.

Que les heures avaient dû leur paraître longues pendant le temps de l'affreuse Terreur, et depuis la mort du roi jusqu'à celle si méritée de Robespierre et de ses complices!

La Constitution de l'an VIII rétablissait par le fait, sous le nom de république, le gouvernement monarchique. Le premier Consul était investi de pouvoirs si étendus, que l'on ne pouvait se méprendre sur leurs conséquences dans un avenir très-rapproché.

Siéyès, homme profond, on ne peut le méconnaître, mais timide et tremblant jusqu'à voter la mort du roi, quoique royaliste, fut chargé de rédiger le projet de Constitution; il s'en était occupé depuis longtemps, il apportait le résultat de ses méditations.

Son projet, empreint des idées du temps, fut vivement combattu par Bonaparte; il ne le trouvait pas assez monarchique, on le conçoit; pressentant déjà l'avenir que la fortune lui réservait, il ne voulait pas laisser introduire dans la Constitution nouvelle des clauses qui auraient plus tard opposé des obstacles à sa grandeur future.

Doué d'un esprit vaste et très-juste en même temps, il avait vu dans le projet de Siéyès des dispositions qui auraient rendu impossible le gouvernement d'un peuple aussi mûr que la nation française.

Ainsi, le projet de Siéyès introduisait un grand électeur, chef du gouvernement, mais pouvant *être absorbé* dans le Sénat (c'était l'expression dont on se servait), si sa trop grande puissance faisait ombrage : c'était un nouveau genre d'ostracisme.

Bonaparte fit supprimer une telle disposition par les commissions législatives, et fit accorder au premier Consul, chef du pouvoir exécutif, des droits très-étendus.

Le peuple consulté sanctionna avec reconnaissance la Constitution nouvelle. Trois millions de suffrages l'acceptèrent.

La nation comprenait très-bien qu'elle se donnait un maître; mais alors, victime récente du papier-monnaie, plongée dans la plus affreuse misère, la raison lui était revenue au milieu des calamités des années précédentes[1].

La nouvelle Constitution prenait des précautions infinies, et c'est en cela principalement qu'elle fut remarquable, pour éviter les dangers alors immenses du vote universel, tout en paraissant s'appuyer sur lui et le conserver.

Des degrés successifs d'élection étaient établis. Après avoir ainsi appelé la multitude, on finissait en résultat à tempérer et à rendre ses votes sans danger, et cependant l'élu du degré le plus élevé pouvait se dire issu du suffrage universel.

Le Gouvernement monarchique peut, quand le chef de l'État gouverne par lui-même et avec sagesse, marcher facilement et sans efforts; dans les Gouvernements composés, il faut atteindre le même résultat en biaisant, en prenant des détours pour arriver en définitive à l'unité d'une seule volonté, composée pourtant de plusieurs.

L'Angleterre, avant ses premières réformes

1. Le célèbre garde des sceaux Duvair disait, deux cents ans auparavant, au milieu des guerres civiles du seizième siècle : « La santé revient avec l'expérience aux peuples ; alors ils recherchent les gens de bien et abhorrent ceux qu'ils chérissaient auparavant. »

(*Exhortation à la vie civile*, p. 800.)

de 1832, arrivait à l'unité et à la concentration des volontés diverses par son organisation électorale. La chambre des Communes ne faisait en réalité qu'un seul et même tout avec la chambre des Lords[1].

Avec la nouvelle réforme qui sera, par la force des choses, suivie, et dans peu, de beaucoup d'autres, le Gouvernement de ce pays se trouve déjà sans majorité assurée, marchant par bonds et à l'aventure; parviendra-t-il plus tard à rétablir le jeu régulier de ses institutions? Il est permis d'en douter.

La Constitution de l'an VIII arrivait ainsi au même résultat, en paraissant suivre une voie toute différente. Elle confiait le Gouvernement à trois Consuls nommés pour dix ans et *indéfiniment rééligibles*.

Le citoyen Bonaparte, ex-Consul provisoire, était nommé premier Consul; à lui seul appartenait le droit de promulguer les lois, de nommer les ministres, les ambassadeurs, *les officiers de terre et de mer;* cette dernière prérogative dans les mains d'un général victorieux était immense, l'armée lui appartenait : de là à la royauté il n'y avait plus qu'un pas.

1. Les lords, devenus propriétaires d'un grand nombre de bourgs, imposaient des candidats à leurs tenanciers, tandis que les villes manufacturières très-peuplées ne nommaient qu'un petit nombre de députés.

Le premier Consul Bonaparte, profitant des circonstances, franchit ce pas et devint ainsi le chef de la France au grand contentement des honnêtes gens, *nous pouvons l'attester personnellement, en ayant été témoin dans notre jeunesse.*

Un Sénat, un Corps législatif, un Tribunat (supprimé depuis), un Conseil d'État avec les Consuls formaient le gouvernement.

Le nombre des Sénateurs fut fixé à quatre-vingts inamovibles; ils devaient être âgés de quarante ans; on écartait ainsi de ce corps politique, gardien de la Constitution, une jeunesse turbulente qui, en majorité dans les parlements, avait renversé l'ancienne monarchie[1].

Arrêtons-nous ici, et faisons observer le mécanisme ingénieux inventé pour assurer au Gouvernement la majorité dans les corps politiques nouvellement créés.

Les Consuls Cambacérès et Lebrun, assistés des Consuls sortants, Siéyès et Roger Ducos, furent chargés de choisir directement trente Sénateurs. Les autres Sénateurs, dont le chiffre ne devait

1. En parcourant la nomination des soixante-cinq derniers membres qui furent appelés à prendre rang dans le parlement de Dijon, de 1770 à 1788, on y rencontre sept présidents à mortier âgés de vingt-cinq ans, et cinquante-huit conseillers reçus à vingt-deux ans et au-dessous. (*Histoire du parlement de Bourgogne*, par le président De la Cuisine.)

Nous avons vérifié qu'il en était ainsi dans tous les autres parlements de France.

être porté d'abord qu'à soixante, furent choisis par les trente premiers.

Le Sénat ainsi constitué, et dans la main du Gouvernement (il le croyait du moins), fut plus tard modifié dans sa composition pour assurer encore davantage dans son sein une majorité au premier Consul.

Le Sénat se recrutait lui-même dans le principe, en choisissant entre trois candidats présentés, le premier par le Corps législatif, le second par le Tribunat et le troisième par le premier Consul.

Les candidats présentés devaient être nécessairement pris dans la troisième liste électorale la plus épurée de toutes, et offrant par conséquent le plus de garanties.

Les séances du Sénat n'étaient pas publiques, pour éviter toute pression extérieure et l'agitation si dangereuse du public des tribunes dans les assemblées précédentes.

II

Le Sénat, ainsi constitué, se trouvait investi d'immenses prérogatives.

Lors de la première création du Corps législatif et du Tribunat, le Sénat nomma directement les trois cents Législateurs et les cent Tribuns; on lui imposa l'obligation de ne les choisir que dans la liste électorale la plus épurée.

Voici comment on procédait à la composition des listes.

La première liste, choisie par *toute la nation et par le suffrage universel*, pouvait compter de cinq à six cent mille individus.

Ceux-ci, composant le premier degré, se réunissaient de nouveau pour former une seconde liste d'environ soixante mille citoyens.

Et enfin ces derniers, opérant entre eux un retranchement définitif, réduisaient la seconde liste, devenue ainsi la troisième, au chiffre de cinq à six mille.

C'était dans celle-ci, nous l'avons dit plus haut, que le Sénat, sur les présentations qu'on lui faisait, se recrutait lui-même et nommait directement les membres du Corps législatif et les Tribuns.

Une autre prérogative du Sénat du premier Empire ne doit pas être passée sous silence, puisqu'elle a été reproduite dans la Constitution qui nous régit.

L'article 21 portait que le Sénat maintenait ou annulait *tous les actes* qui lui seraient déférés comme inconstitutionnels par le Tribunat ou par le Gouvernement, et plus tard par la dénonciation d'un Sénateur. Mais ce droit ne s'appliquait qu'à certains cas déterminés, comme nous le verrons par la suite.

Les listes d'éligibles étaient comprises parmi ces actes.

La Constitution de l'an VIII enlevait au Corps législatif l'initiative des lois dont on avait tant abusé précédemment, et le droit encore plus abusif de faire des amendements au milieu de la discussion d'une loi.

Les projets de loi rédigés par le Gouvernement et soutenus par les conseillers d'État, auxquels seuls ce droit appartenait, étaient *adoptés* ou *rejetés* par le Corps législatif *sans aucune discussion* de la part de ses membres. Le Gouvernement se réservait toujours le droit de les retirer ou de les reproduire modifiés.

Les séances du Corps législatif et du Tribunat

étaient publiques; le nombre des personnes présentes ne pouvait dépasser deux cents.

On évitait ainsi la pression des tribunes sur les assemblées, pression, comme nous l'avons déjà dit, si funeste dans les assemblées précédentes.

III

La Constitution de l'an VIII, dont nous venons de tracer à grands traits les principales dispositions, fonctionna sans modification depuis le 13 décembre 1799 jusqu'au 4 août 1802.

Pendant ce court espace de temps, le Sénat exerça, dans toute sa plénitude, les droits que la Constitution lui conférait. On le vit même, dans une circonstance grave, ne tenir aucun compte de la présentation du premier Consul, qui ne voulait pas que l'abbé Grégoire, ce *régicide amateur*[1], fît partie du Sénat.

Cependant, présenté par le Corps législatif et par le Tribunat, le Sénat le préféra au général

1. L'abbé Grégoire était en mission lors du jugement de Louis XVI. Il aurait pu garder le silence.

Lamortillière, candidat présenté par le premier Consul.

Après l'attentat du 3 nivôse (décembre 1800) contre la vie du premier Consul, cent trente individus furent par lui soumis à la déportation.

Le Gouvernement, pour colorer et légaliser cette mesure aussi arbitraire que rigoureuse, la déféra lui-même au Sénat pour examiner sa constitutionnalité.

Le 15 nivôse suivant, le Sénat déclara que la résolution du Gouvernement *était une mesure conservatrice de la Constitution.* Cet acte est de la plus haute portée; ce fut la première exécution de l'article 21 précité, reproduit dans la Constitution de 1852.

Si le Sénat avait résisté d'abord à la volonté du premier Consul, lors de l'élection de l'abbé Grégoire, cette résistance fut promptement vaincue.

Il n'en était pas ainsi dans le Corps législatif et dans le Tribunat, quoique choisi par le Sénat. La plupart des membres de ces deux assemblées qui avaient fait partie des précédentes, accoutumés à parler avec une entière liberté, ne pouvaient dépouiller cette ancienne habitude, devenue chez eux une seconde nature; ils ne pouvaient se résigner au silence.

Il devenait impossible, avec la composition

d'une telle assemblée, de faire adopter le Code civil et de faire sanctionner le concordat.

On arrivait à l'an x, époque à laquelle avait été fixé le premier renouvellement du Corps législatif et du Tribunat. Le premier Consul fit éliminer par le Sénat, *sans employer la voie du sort*, les plus turbulents et les plus opposants.

Le Gouvernement devenait ainsi le maître des corps politiques de la république expirante.

IV

Nous venons d'exposer de quelle manière le Sénat de l'Empire exerça, dans ce que l'on peut appeler son premier âge, les fonctions qui lui furent confiées par la Constitution de l'an VIII.

Cet état de choses dura environ trois années, c'est-à-dire jusqu'au 4 août 1802.

Nous verrons maintenant les développements des attributions que les Constitutions postérieures conférèrent à ce corps politique.

A cette époque la nation fut consultée de nouveau sur la question de savoir si le *Consulat à vie* serait fixé sur la tête de Napoléon Bonaparte.

Le peuple, reconnaissant du repos que ce grand homme avait procuré au pays, répondit encore cette fois affirmativement par plus de trois millions de suffrages.

Cette Constitution fortifiait de plus en plus le pouvoir et détruisait, tout en conservant le nom *de République*, ce qui pouvait encore rester debout en France de cette forme de gouvernement, jugée de plus en plus impossible au bonheur d'un pays dont elle contrariait les mœurs et les habitudes monarchiques.

Le Sénat, en vertu de ses nouvelles prérogatives, pouvait dissoudre le Corps législatif et le Tribunat, et, comme les Constitutions lui conféraient le droit de choisir dans la fameuse liste des cinq à six mille citoyens, il tenait dans sa main et le Corps législatif et le Tribunat, si ces assemblées devenaient factieuses ou seulement indépendantes.

Il nommait les Consuls, c'est-à-dire les chefs du pouvoir exécutif.

Il avait le droit de suspendre, pendant cinq ans, les *fonctions de jurés* dans les départements où cette mesure était nécessaire.

Il avait le droit *d'annuler les jugements des tribunaux, lorsqu'ils étaient attentatoires à la sûreté de l'État.*

Nous ne pouvons passer sous silence l'article 54, parce qu'il a été reproduit dans la Constitution de 1852. Il est ainsi conçu : « Le Sénat règle par un Sénatus-consulte organique : 1° la Constitution des colonies ; 2° *tout ce qui n'a pas été prévu par la Constitution et qui est nécessaire à sa marche ;* 3° il explique les articles de la Constitution qui donnent lieu à différentes interprétations. »

V

Nous arrivons ainsi à une époque célèbre de notre histoire. Le Sénatus-consulte du 18 mai 1804 créait la dignité impériale héréditaire dans la famille de Napoléon Bonaparte. Le nom de République, qui n'était plus devenu qu'un vain nom, disparaissait.

Trois millions trois cent soixante-quatorze mille huit cent quatre-vingt dix-huit suffrages, contre deux mille cinq cent soixante-neuf votes opposés à l'hérédité, consacrèrent ce nouvel ordre de choses.

Le Sénat fut composé, article 57 : des princes français, des titulaires des grandes dignités de l'Empire, des quatre-vingts membres nommés sur la présentation de candidats choisis par l'Empereur dans les listes formées par les colléges électoraux de département; *des citoyens que l'Empereur jugeait convenable d'élever à la dignité de Sénateur.* Dans le cas où le nombre des Sénateurs excéderait celui qui avait été fixé par l'article 63 du Sénatus-consulte organique du 16 messidor an x, il devait y être *pourvu par une loi.* CETTE LOI ANNONCÉE NE FUT JAMAIS FAITE.

L'Empereur resta le maître d'augmenter, à sa volonté, le nombre des Sénateurs, moyen puissant de gouvernement et d'influence. Nous lisons dans l'*Almanach* de 1813, le dernier de l'Empire, que le Sénat se composait alors de cent quarante membres.

On était bien éloigné du chiffre primitif de soixante, devant être porté dans l'espace de dix années à quatre-vingts[1].

1. L'article 63 du Sénatus-consulte du 4 août 1802 fixait à cent vingt seulement le nombre des Sénateurs.

VI

Il convient maintenant de faire connaître comment les prescriptions de ces diverses Constitutions furent comprises et exécutées par le Sénat.

Le 2 avril 1802 il rappelait les émigrés dans leur patrie.

Rien de plus touchant que les motifs donnés alors à cette mesure si vivement attendue et désirée.

« Aujourd'hui, portait le Sénatus-consulte, que la paix est faite au dehors, il importe de l'introduire dans l'intérieur par tout ce qui peut rallier les Français, tranquilliser les familles et faire oublier les maux inséparables d'une longue révolution. »

Plus tard, le Sénat rétablissait le calendrier grégorien. Les dénominations ridicules qui avaient remplacé, dans le calendrier républicain, les saints du paradis disparaissaient.

La joie fut universelle, et cet acte du Sénat fut approuvé par la majorité de la nation.

VII

La couronne impériale ceignait le front du vainqueur de l'Italie et du restaurateur du culte et de la monarchie en France. L'Empereur, convaincu que des institutions en harmonie avec la forme de ce gouvernement devaient être fondées dans l'Empire, pensa au rétablissement d'une aristocratie héréditaire.

Comment en comprendre l'existence sans une transmission particulière de biens en dehors des lois ordinaires, pour en soutenir l'éclat et pour ne pas la laisser tomber dans l'abjection et dans la misère?

Un titre héréditaire exige un bien héréditaire comme lui et doit en être inséparable.

Par le Sénatus-consulte du 14 août 1806, relatif à la principauté de Guastalla, le Sénat créait une aristocratie héréditaire et de grands fiefs en Italie, c'est-à-dire des substitutions graduelles et perpétuelles. L'Empereur aurait désiré en même temps étendre dans la main du père de famille la faculté de donner à l'un de ses enfants une plus large quotité de sa fortune que celle fixée par le Code Napoléon. Cette disposition législative présentait l'avantage de fortifier en même temps la puissance paternelle, mais alors il y avait à ménager bien des préjugés, bien des idées démocratiques fortement enracinées à cette époque dans les esprits. Le rétablissement d'une aristocratie froissait déjà assez les amours-propres, si susceptibles en France.

Que de monde avait péri sur l'échafaud révolutionnaire pour anéantir la noblesse! C'était un coup de maître, un effort incroyable de puissance et la tentative la plus hardie.

Le Sénat, investi du droit d'organiser TOUT CE QUI ÉTAIT NÉCESSAIRE A LA MARCHE DE LA CONSTITUTION, rétablit les substitutions graduelles et perpétuelles sous le nom de Majorats unis à un titre.

VIII

Le 6 juin 1813, le Sénat annulait une délibération du jury d'Anvers, rendue en faveur des administrateurs de l'octroi de cette ville, accusés de malversation dans l'exercice de leurs fonctions.

Cet acte était fondé sur le droit que lui conférait la Constitution, *d'annuler les jugements attentatoires à la sûreté de l'État.*

La déclaration d'un jury, quelque mauvaise qu'elle pût être, rendue en faveur d'accusés et dans la circonstance particulière de cette cause, pouvait-elle donner occasion d'exercer le droit conféré au Sénat par la Constitution, et rentrait-elle réellement dans ses prévisions?

Il était impossible de le penser; le Sénatus-consulte fut blâmé par la France entière. Cet acte est toujours resté à la charge du Sénat.

Le Sénat ordonnait en 1813 une levée de trois cent cinquante mille hommes, sans compter toutes les autres levées votées précédemment par lui.

Nous terminons enfin cette longue nomenclature des actes du Sénat, depuis sa fondation jusqu'en 1814, par la mesure la plus hardie qui ait été osée par ce corps politique pendant le cours de son existence.

Les Constitutions de l'an VIII, de 1802 et de 1804, *adoptées toutes par le suffrage universel*, reconnaissaient le Tribunat comme un des rouages nécessaires du Gouvernement.

Cependant, en 1807, le Sénat anéantissait le Tribunat sans consulter la nation.

Sur quel texte des Constitutions précédentes

pouvait-il s'appuyer pour se permettre une mesure aussi violente? Faut-il encore en trouver la raison et le droit dans ce même article 54 du Sénatus-consulte du 4 août 1802, qui lui attribuait le pouvoir de régler *tout ce qui était nécessaire à la marche de la Constitution?*

Quoi qu'il en soit, il fut démontré pendant toute la durée de l'Empire que, d'accord avec l'Empereur, le Sénat se trouvait investi *d'un pouvoir sans entraves, sans contrôle et sans limites.*

IX

Il résulte, de tout ce qui précède, que les pouvoirs du Sénat s'étendaient à TOUT ET NE CONNAISSAIENT PAS DE BORNES.

Le discrédit dans lequel il tomba, à la fin de l'Empire, doit être principalement attribué aux événements malheureux de cette époque.

Les levées en masse décrétées par lui, sans le concours du *Corps législatif*, le deuil de toutes les familles, fatiguèrent à la fin la nation.

Le Sénat, s'il avait suivi les conseils de la prudence, aurait dû résister, ne pas se prêter dans le principe, *et sous sa responsabilité seule*, à des levées d'hommes exorbitantes.

S'il avait résisté et qu'il n'eût pas réussi dans son opposition, il aurait eu la nation pour lui, on aurait rendu justice à ses intentions. Il ne le fit pas, la nation cessa de le considérer comme un protecteur et un appui.

L'acte par lequel il déclarait la déchéance de son bienfaiteur, et dans lequel il stipulait la conservation de ses dotations, acheva de ruiner sa considération.

Il tomba aux applaudissements de la multitude, jalouse aussi peut-être des honneurs et des richesses dont ses membres étaient comblés.

Cependant des hommes sages et prévoyants (malheureusement ces hommes sont toujours peu nombreux et ne sont pas écoutés), partisans zélés de la maison de Bourbon, mais connaissant le caractère français, jugèrent tout de suite en 1814 que la Charte de Louis XVIII renverserait plus tard sa dynastie; ils regrettèrent la Constitution impériale, qui avait formé en France un gouvernement puissant, dont les baïonnettes étrangères avaient pu seules triompher.

L'événement a justifié leurs tristes prévisions; à mesure que l'on s'éloigna de 1814, le nouveau Gouvernement fut toujours en s'affaiblissant; le pouvoir royal cessa d'être prépondérant dans les assemblées; la direction des affaires passa aux Chambres ou, pour mieux dire, à la Chambre des députés seulement; et lorsque 1830 arriva, le pouvoir royal, discrédité, sans force, désarmé, ne put résister.

La presse muselée, silencieuse sous l'Empire contribua puissamment par ses excès à la chute de la branche aînée.

Le Gouvernement nouveau, installé en 1830, quoique dirigé par un prince habile, par des ministres dont il est impossible de contester la haute capacité, tomba à son tour après dix-huit années d'existence pendant lesquelles, en louvoyant toujours, il put difficilement se soutenir.

Il était cependant impossible d'accuser ce Gouvernement de vouloir le rétablissement de la dîme et des droits féodaux.

Ce fut au milieu de cet affaiblissement général que la République se glissa par surprise. Une poignée d'hommes la proclama malgré la majorité de la nation dont nous allons maintenant connaître la volonté par les suffrages, on peut dire unanimes, donnés à Louis-Napoléon.

X

Nous ne nous sommes occupé dans les premières pages de cet écrit que des institutions impériales renversées, en 1814, avec l'Empire.

Nous arrivons, en franchissant les trente-quatre années du Gouvernement parlementaire, à la célèbre proclamation du 2 décembre 1852, adressée à la nation française par Louis-Napoléon, acte mortuaire de la nouvelle République.

La France, surprise en 1848 par un Gouvernement qu'elle répudiait, se jeta dans les bras de ce Prince et lui demanda des institutions conformes à ses désirs et à ses besoins.

La proclamation du 2 décembre, adoptée par plus de sept millions de suffrages, posa les bases d'un nouveau Gouvernement à l'acceptation du peuple français : « 1° un chef responsable nommé pour dix ans; 2° des ministres dépendant du pouvoir exécutif seul; 3° un Conseil d'État formé des hommes les plus distingués, préparant les lois et en soutenant la discussion devant le

Corps législatif; 4° un Corps législatif discutant et votant les lois, nommé par le suffrage universel, sans scrutin de liste qui fausse l'élection; 5° une seconde Assemblée, formée de toutes les illustrations du pays, pouvoir modérateur, gardien du pacte fondamental et des libertés publiques. »

Ces bases acceptées, le président de la République répondit au vœu de la nation par la Constitution du 14 janvier 1852.

Il convient de reproduire ici quelques passages du préambule de cette Constitution, qui explique clairement le but que se propose le législateur :

« J'ai pris, dit-il, *comme modèle*, les institutions qui, au lieu de disparaître au premier souffle des agitations populaires, n'ont été renversées que par l'Europe entière coalisée contre nous. »

. . . .

« Le Sénat est le dépositaire du pacte fondamental et des libertés compatibles avec la Constitution, et c'est uniquement sous le rapport des grands principes sur lesquels repose notre société qu'il examine toutes les lois et *qu'il en propose de nouvelles* au pouvoir exécutif.

« Il intervient, soit pour résoudre toute difficulté grave qui pourrait s'élever pendant l'absence du Corps législatif, soit pour expliquer le texte de la Constitution ET ASSURER CE QUI EST NÉCESSAIRE A SA MARCHE. »

« Il a le droit d'annuler *tout acte arbitraire et illégal*, et, jouissant ainsi de cette considération qui s'attache à un corps exclusivement occupé de l'examen de grands intérêts ou de l'application de grands principes, il remplit dans l'État *le rôle indépendant, salutaire, conservateur des anciens parlements.* »

« *Le Sénat peut, de concert avec le Gouvernement, modifier tout ce qui n'est pas fondamental dans la Constitution;* mais, quant aux modifications à apporter aux bases premières sanctionnées par vos suffrages, elles ne peuvent devenir définitives qu'après avoir reçu votre sanction. »

Ainsi le prince Louis-Napoléon se propose de rétablir les institutions nouvelles telles qu'elles existaient avant 1814, modifiées en plusieurs points essentiels.

On doit donc, sans crainte de se tromper, se reporter, pour l'interprétation de la Constitution du 14 janvier 1852, aux anciennes Constitutions de l'Empire, et à leur exécution jusqu'en 1814.

XI

La nouvelle Constitution modifie en un point très-considérable les prérogatives du Sénat.

Il n'est plus appelé à choisir les députés au Corps législatif dans une liste composée de cinq mille citoyens élus par les colléges électoraux.

Le législateur de 1851, appréciant les progrès faits par la nation, la considère comme assez sage et suffisamment avancée en civilisation pour lui confier directement le choix de ses mandataires. L'expérience a déjà justifié deux fois cette confiance.

Sous le règne d'un Prince éclairé, environné de l'amour et de la confiance des peuples, d'une fermeté et d'un courage reconnus, le suffrage direct, on l'a vu, peut être sans danger. Espérons qu'il en sera toujours ainsi par la suite. Ce serait la plus grande et la plus précieuse conquête de la fin du dix-neuvième siècle.

XII

Si le Sénat a perdu de sa puissance, en ne participant plus à la nomination du Corps législatif, la Constitution nouvelle lui a conservé dans son article 17 les attributions que conférait au Sénat de l'Empire l'article 54 de la Constitution du 4 août 1801.

L'article 17 porte : « Le Sénat règle par un Sénatus-consulte :

« 1° La Constitution des colonies et de l'Algérie ;

« 2° TOUT CE QUI N'A PAS ÉTÉ PRÉVU PAR LA CONSTITUTION ET QUI EST NÉCESSAIRE A SA MARCHE ;

« 3° Le sens des articles de la Constitution qui donnent lieu à différentes interprétations. »

On a vu l'usage que l'ancien Sénat avait fait de ce pouvoir immense que lui conférait la même disposition écrite dans la Constitution de 1802.

Sous l'empire des anciennes Constitutions, le Sénat n'était saisi du contrôle des lois votées par le Corps législatif que :

« 1° Si elles tendaient au rétablissement du régime féodal ;

« 2° Si elles étaient contraires à l'irrévocabilité des ventes des domaines nationaux ;

« 3° Comme n'ayant pas été délibérées dans les formes prescrites par les Constitutions de l'Empire ;

« 4° Comme portant atteinte aux prérogatives de la dignité impériale et à celles du Sénat. »

La compétence du Sénat ne s'exerçait que sur la dénonciation du Tribunat, du Gouvernement ou d'un Sénateur ; le délai pour former opposition était de *six jours seulement*[1].

L'Empereur, après avoir entendu le Conseil d'État, ou déclarait par un décret son adhésion à la délibération du Sénat, ou passait outre en faisant promulguer la loi dans le délai de dix jours.

L'article 25 de la Constitution de 1852 porte : « Le Sénat est le gardien du pacte fondamental et des libertés publiques, *aucune loi ne peut être promulguée avant de lui avoir été soumise.* »

1. Article 71 du Sénatus-consulte du 18 mai 1804.

La compétence du Sénat s'étend à toutes les lois votées par le Corps législatif sans aucune exception. Cette compétence est donc beaucoup plus étendue qu'avant 1814.

XIII

L'article 26 énumère les cas nombreux où le Sénat devra s'opposer à la promulgation des lois : 1° Si elles sont contraires ou si elles portent atteinte à la *Constitution, à la religion, à la morale, à la liberté des cultes, à la liberté individuelle, à l'égalité des citoyens devant la loi, et au principe de l'inamovibilité de la magistrature.*

2° *De celles qui pourraient compromettre la défense du territoire.*

Nous allons passer en revue chaque paragraphe de cet article et examiner de quelle manière ils doivent être entendus et appliqués.

Le Sénat s'oppose à la promulgation des lois « contraires ou qui porteraient atteinte à la

Constitution, à la religion, à la morale. » Belle et noble mission dont on comprend, au premier coup d'œil, l'étendue et la portée, et pouvant s'appliquer à des cas infinis.

Napoléon III, dans le préambule de la Constitution, déclare « que le Sénat remplira dans l'État le rôle indépendant, salutaire, conservateur des anciens parlements. »

On sait avec quelle énergie, à toutes les époques de notre histoire, les parlements ont défendu les libertés de l'Église gallicane, libertés aussi nécessaires au gouvernement des États qu'à l'indépendance du clergé[1] lui-même, indépendance que l'Église de France avait toujours conservée en restant constamment et inviolablement attachée à la chaire de Saint-Pierre.

Ainsi le Sénat devrait repousser toute loi qui compromettrait les libertés de l'Église gallicane si clairement exposées par Bossuet dans la célèbre déclaration de 1682, et dans les six articles de la Faculté de théologie de Paris[2].

Les quatre articles de cette déclaration, loi de l'État, avant le Concordat et depuis, doivent servir de règle au Sénat pour bien apprécier les limites qui séparent les droits de la puissance temporelle de ceux de la puissance spirituelle.

1. Appendice A.
2. Appendices B et C.

Les articles organiques du concordat de 1801, dégagés par Napoléon Ier, dans le décret du 28 février 1810, de ce qui se trouvait en opposition avec les Canons de l'Église, doivent être considérés aussi comme lois de l'Empire : c'est le rempart indispensable qui s'oppose à l'invasion en France des maximes ultramontaines, fatales à la religion elle-même, et qui entraîneraient infailliblement sa ruine dans notre patrie.

Le Sénat doit également veiller à la liberté des cultes.

Ainsi le tribunal de l'inquisition ne pourrait jamais être établi en France.

L'article 26 attribue encore au Sénat *la défense de la liberté individuelle* et celle de l'*égalité des citoyens devant la loi.*

Une loi qui autoriserait des arrestations arbitraires, sans l'observation des formes tutélaires introduites dans nos Codes pour garantir la liberté des citoyens, ne pourrait être accueillie par le Sénat.

Une loi qui déciderait que tous les citoyens ne sont pas admissibles aux fonctions publiques, soit à cause de leur religion, soit à cause de leur naissance, présenterait tous les caractères de l'inconstitutionalité la plus flagrante.

L'inviolabilité de la propriété a toujours été, dans les États civilisés, une des conditions de leur existence. Toute loi de confiscation exciterait l'indignation du Sénat.

Ici, comme pour les autres intérêts confiés à sa garde, il serait difficile de déterminer d'avance les limites de sa compétence dont il est le seul juge.

Le Sénat, chargé de protéger l'inamovibilité de la magistrature, repousserait les lois qui porteraient atteinte à ce principe, si nécessaire à l'indépendance des magistrats, et par conséquent à la bonne et impartiale administration de la justice : garantie la plus précieuse et la plus indispensable contre l'oppression, réclamée dans tous les temps par les plus célèbres publicistes.

Le Sénat devrait repousser les lois « qui pourraient compromettre la défense du territoire, » dernière mission confiée au Sénat par l'article 26, dont nous venons d'analyser successivement les diverses dispositions.

M. le baron Dupin, dans son rapport au Sénat du 9 juin 1857, à l'occasion de la loi concernant un appel de cent mille hommes sur la classe de 1857, s'exprimait ainsi :

« En commençant notre rapport sur la loi qui réglera pour 1858 le contingent nécessaire aux départements de la guerre et de la marine, nous avons pensé qu'il importait de fixer nettement la compétence et les devoirs du Sénat.

« Il s'agit de la loi d'où dépend l'effectif de l'armée pendant la paix. Le premier objet de cet effectif est de suffire à la défense du territoire contre les attaques les plus inopinées, les plus soudaines et par là les plus dangereuses.

« La Constitution, par son article 26, ne vous donne pas seulement le droit et le devoir de rechercher dans les projets de loi ce qui peut être expressément contraire ou simplement porter atteinte à la Constitution, mais ce qui pourrait compromettre la défense du territoire.

« Sous ce point de vue militaire, le Sénat doit examiner la loi du recrutement quant à ses effets actuels et quant à ses effets à venir.

« Dans une assemblée qui compte avec orgueil au nombre de ses membres tous les maréchaux et tous les amiraux de France, les généraux et les vice-amiraux qu'ont signalés leurs exploits, leur expérience et leurs talents, c'est là qu'avec raison le législateur devait placer un tel contrôle. »

Nous n'ajouterons rien à de si imposantes paroles.

XIV

Par l'article 12 de la Constitution, l'Empereur a le droit *de déclarer l'état de siége dans un ou plusieurs départements, sauf à en référer au Sénat dans le plus bref délai.*

On comprend que dans une telle circonstance le Sénat serait juge *de l'opportunité* de cette mesure.

L'article 13 porte aussi *que les ministres ne peuvent être mis en accusation que par le Sénat.*

Espérons que jamais en France une telle nécessité ne se présentera.

XV

La compétence du Sénat, nous venons de le voir, est sous beaucoup de rapports plus étendue aujourd'hui que sous le premier Empire; cependant on se tromperait grandement si on y voyait une mission autre que celle d'un examen des lois au point de vue constitutionnel seulement.

On comprend que, depuis 1814 jusqu'en 1848, lorsque la Chambre des députés pouvait proposer des lois, et forcer pour ainsi dire la main au Gouvernement, la Chambre des pairs fût *appelée à modérer la violence de la Chambre* élective, que cette Chambre discutât aussi les lois votées et fût investie du pouvoir de les amender ou de les rejeter. Mais, sous l'empire d'une Constitution qui refuse au Corps législatif l'initiative des lois, où la loi ne peut être proposée que par le Gouvernement lui-même, et où le droit d'amendement n'existe que d'une façon restreinte, on se demande dans quelle circonstance le Sénat se verrait dans l'obligation de déclarer l'inconstitutionalité d'une loi?

Il faudrait supposer un empiétement du Corps législatif se plaçant en dehors et au-dessus des lois, ou une erreur involontaire du Gouvernement; c'est ainsi que le Sénat en a jugé à l'égard de la loi concernant l'impôt des voitures circulant dans Paris.

Il ressort de cet état de choses que les rapporteurs des lois dans le Sénat ne doivent les examiner que sous le rapport constitutionnel.

Il ne convient pas, il serait même très-dangereux, *tout en proposant au Sénat de ne pas s'opposer à la promulgation de la loi*, d'en flétrir les dispositions, de déverser sur elles le blâme et le mépris.

Comment, en effet, ces lois, devenues plus tard lois de l'État, pourraient-elles obtenir le respect dont il est si nécessaire qu'elles soient environnées pour assurer leur facile exécution?

Il ne peut être question, dans le dix-neuvième siècle, de renouveler les obstacles sans nombre que les Parlements opposaient à l'enregistrement des édits : cette fatale résistance causa la ruine de l'ancienne monarchie.

L'article 26 de la nouvelle Constitution pourrait cependant donner ouverture à de larges interprétations, tant ses termes sont généraux.

Comment déterminer le *point précis où la compétence du Sénat commence et où elle doit s'arrêter?*

Il est bien rare que des lois, quelles qu'elles soient, ne touchent plus ou moins, par quelque côté, aux grands principes énoncés dans cet article 26 dont nous venons d'analyser toutes les dispositions.

Combien nos anciens Parlements et les têtes ardentes des Enquêtes auraient pu abuser d'une disposition de loi aussi générale!

En pénétrant la volonté réelle du législateur,

il faut reconnaître qu'il ne peut être question pour le Sénat, et qu'il serait absolument contraire à sa mission si grande et si élevée, d'entrer dans des détails minutieux, de soulever des difficultés; comme nous l'avons déjà dit, les lois ne doivent être examinées par lui que du point de vue le plus élevé et uniquement sous le rapport constitutionnel.

C'est au surplus ainsi que le Sénat a interprété cet article de la Constitution.

Toutes les lois votées jusqu'à ce jour par le Corps législatif, *à l'exception d'une seule*, ont été adoptées par le Sénat; il ne s'est pas opposé à leur promulgation.

Une seule, celle concernant l'impôt sur les voitures dans Paris, a été jugée inconstitutionnelle. Le Sénat a vu dans cette loi, non pas une taxe municipale, mais un véritable impôt dont le maximum devait être fixé et déterminé.

Nous n'avons pu, en ce qui nous concerne, partager cette opinion, et nous avons pensé que la loi votée par le Corps législatif présentait seulement les caractères d'une taxe municipale; de très-bons esprits, des hommes dont nous reconnaissons les hautes lumières, ont pensé le contraire, et n'ont pu cependant ébranler notre conviction.

XVI

Le Sénat a seul le droit de recevoir les pétitions des citoyens.

L'article 45 de la Constitution porte : « Le droit de pétition s'exerce auprès du Sénat. Aucune pétition ne peut être adressée au Corps législatif. »

On se rappelle les séances orageuses de la Chambre des députés à l'occasion des pétitions et de l'agitation qui régnait alors en dehors de l'assemblée.

Les pétitions ne peuvent être examinées avec trop de soin par le Sénat. Les citoyens n'ont pas d'autre voie pour se plaindre des actes arbitraires dont l'Administration pourrait se rendre coupable.

Il ne faut pas renvoyer légèrement les pétitions au Gouvernement : plus le Sénat apportera de soins dans la haute mission que la Constitution lui confie, et plus aussi les renvois ordonnés par lui auront de poids et de valeur.

L'Empereur s'est fait rendre compte des réclamations élevées par les citoyens dans diverses pétitions jugées dignes par le Sénat d'un renvoi; celles qui ont paru au chef de l'État justes et fondées ont été favorablement accueillies.

Les pétitions abondent chaque année; TOUS LES SUJETS, TOUTES LES QUESTIONS Y SONT SOULEVÉES, et, au milieu de ce déluge, il se présente parfois des pétitions dignes d'un sérieux examen, signalant les inconvénients et les dangers de certaines lois, de certaines mesures administratives, et proposant de sages améliorations à ces lois, à ces mesures.

Le Sénat trouve alors une occasion favorable pour exposer à l'Empereur son opinion sur ce qu'il convient de faire, sur ce qu'il peut être avantageux d'établir. La publicité des discussions du Sénat ajoute encore à cette importante prérogative.

XVII

Une autre prérogative attribuée au Sénat par la Constitution de 1852, article 30, consiste à pouvoir proposer à l'Empereur *des lois d'un grand intérêt national.*

On comprend avec quelle réserve le Sénat doit user de ce droit.

Ce n'est plus un Sénatus-consulte promulgué, d'accord avec le Gouvernement : c'est une simple proposition, un vœu ne liant en aucune façon le chef de l'État, un moyen introduit par la Constitution pour éveiller la sollicitude du Gouvernement sur un point essentiel de législation.

Déjà le Sénat a usé deux fois de cette prérogative. Il a proposé à l'Empereur de s'occuper du sort des enfants trouvés, dont le nombre augmente chaque année, pour les rendre, s'il est possible, utiles au pays, dont ils pourraient un jour devenir le fléau.

Le Sénat a rédigé également un projet de Code rural.

Ce travail, élaboré avec soin, a été transmis par l'Empereur au Conseil d'État, qui s'occupe en ce moment de la rédaction d'un projet de loi sur cette importante matière.

XVIII

Le vote des lois de finances appartient au Corps législatif. L'article 39 de la Constitution porte : « Le Corps législatif discute et vote les projets de loi et l'impôt[1]. »

Et l'article 33 : « Qu'en cas de dissolution du Corps législatif, et jusqu'à une nouvelle convocation, le Sénat, sur la proposition de l'Empereur, pourvoit par des mesures d'urgence à tout ce qui est nécessaire à la marche du Gouvernement. »

Le Sénat se verrait peut-être forcé, à son grand regret, de voter la loi de finance. La nation, dans des circonstances aussi critiques, approuverait toutes les mesures de sagesse et de prévoyance qu'adopterait, d'accord avec l'Empereur, le premier corps de l'État.

1. Les Sénatus-consultes sont aussi des lois faites par le Sénat et le chef de l'État.

XIX

Nous avons déjà eu occasion de nous expliquer sur la manière dont avait été appliqué, pendant toute la durée du premier Empire, l'article 54 de la Constitution du 4 août 1802, reproduit dans les mêmes termes par l'article 27 de la Constitution de 1852, ainsi conçu : « Le Sénat règle par un Sénatus-consulte la Constitution des colonies et de l'Algérie, *tout ce qui n'a pas été prévu par la Constitution et qui est nécessaire à sa marche*, le sens des articles de la Constitution qui donnent lieu à différentes interprétations. »

L'article 31 ajoute : « Il peut également proposer des modifications à la Constitution ; si la proposition est adoptée par le pouvoir exécutif, il y est statué par un Sénatus-consulte. »

Article 32. « Néanmoins sera soumise au suffrage universel toute modification aux bases fondamentales de la Constitution, telles qu'elles ont été posées dans la proclamation du 2 décembre et adoptées par le peuple français. »

Le Sénat a déjà largement usé, d'accord avec

le Gouvernement, du droit que lui confère l'article 27 de la Constitution.

En novembre 1852, il a proposé au peuple français, par un Sénatus-consulte, le *rétablissement de l'Empire*, et la nation l'a sanctionné par 8 millions de suffrages.

Il devenait indispensable, dans une circonstance aussi solennelle, de proposer le nouveau Sénatus-consulte à l'acceptation de la nation. Quelle plus grande dérogation pouvait, en effet, être portée à la célèbre proclamation du 2 décembre 1852?

Mais, à partir de cette mémorable époque, les actes du Sénat, ne portant pas atteinte aux bases fondamentales posées dans cette proclamation, n'ont point été soumis à la sanction du peuple.

Le 25 décembre 1852, le Sénat a décidé que l'Empereur avait le droit de faire grâce et d'accorder des amnisties.

L'article 3 statue que les traités de commerce ont force de loi pour les modifications de tarifs qui y sont stipulées.

L'article 12 prescrit les formes d'après lesquelles le budget des dépenses sera présenté au Corps législatif, et s'explique sur les virements de crédit d'un chapitre à un autre.

L'article 14 fixe le traitement des députés au Corps législatif; le Sénat profite de cette circonstance pour introduire dans l'article 15 une disposition concernant les officiers généraux de l'armée, et décide que, dans le cas où ils seraient employés activement, ils seront réputés démissionnaires s'ils acceptent un siége au Corps législatif.

Un sénatus-consulte du 12 décembre 1852 fixe la liste civile de l'Empereur et la dotation de la Couronne.

Un autre Sénatus-consulte du 17 juillet 1856 pose les règles de la Régence et fixe à 18 ans la majorité de l'Empereur; il détermine le serment que prêteront l'Impératrice Régente et le Régent, serment ainsi conçu : « Je jure fidélité à l'Empereur; je jure de gouverner conformément à la Constitution, aux Sénatus-consultes et aux lois de l'Empire, de maintenir dans leur intégrité les droits de la nation et ceux de la dignité impériale, de ne consulter dans l'emploi de mon autorité que mon dévouement pour l'Empereur et pour la France, et de remettre fidèlement à l'Empereur, au moment de sa majorité, le pouvoir dont l'exercice m'est confié. »

Un amendement avait été proposé pour introduire dans le serment, comme dans les Constitutions précédentes, la condition formelle de l'*observation du Concordat*. Cet amendement a été rejeté comme inutile, la formule du serment renfermant, par la généralité de ses expressions, *toutes les lois de l'État en vigueur, sans exception aucune, et par conséquent* la loi du Concordat comme les autres.

Par un Sénatus-consulte récent, la Savoie et le comté de Nice sont réunis à l'Empire ; le Sénat aurait pu déterminer en même temps les circonscriptions judiciaires et administratives de ces provinces, *c'était son droit :* de hautes considérations l'ont déterminé à laisser le Corps législatif participer à cette organisation.

Le Sénat pourrait aujourd'hui, comme avant 1814, d'accord avec le chef de l'État, modifier la législation sans le concours du Corps législatif ou avec son concours.

Ainsi, rien ne s'opposerait, comme l'avait fait le Sénat, d'accord avec Napoléon le Grand, au rétablissement des Majorats. Le législateur en expliquait alors ainsi la nécessité pour « entourer le trône de la splendeur qui convient à sa dignité, pour nourrir au cœur de nos sujets une louable émulation, en perpétuant d'illustres souvenirs, en conservant aux âges futurs l'image toujours présente des récompenses qui, sous un gouvernement juste, suivent les grands services rendus à l'État. »

« La nécessité de conserver dans les familles les biens affectés au maintien des titres impose l'obligation de les excepter du droit commun et de les assujettir à des règles particulières qui, en même temps qu'elles en empêcheront l'aliénation ou le démembrement, préviendront les abus, en donnant connaissance à tous nos sujets de la condition dans laquelle ces biens sont placés. »

L'article 74, du décret du 1er mars 1808 ajoutait : « Conformément à l'article 6 du Sénatus-consulte du 14 août 1806, les propriétés possédées en Majorat n'auront et ne conféreront à ceux en faveur desquels ils sont érigés, aucun privilége relativement à nos autres sujets et à leurs propriétés.

« En conséquence, les titulaires demeureront soumis aux lois civiles et criminelles et à toutes les lois qui régissent nos États en tant qu'il n'y est pas dérogé par ces présentes ; ils supporteront les contributions personnelles, mobilières, immobilières, directes et indirectes dans la même proportion que les autres sujets. »

Le Sénat pourrait aussi, pour fortifier la puissance paternelle, très-affaiblie, accorder aux pères de famille une plus grande latitude dans la disposition de leurs biens à l'égard de leurs enfants, en augmentant la quotité disponible, ce qui a lieu dans beaucoup d'États qui ont adopté le Code Napoléon.

Une telle mesure aurait pour résultat de conserver le patrimoine des familles, les vastes établissements industriels, les grandes entreprises agricoles; de sauver du marteau des démolisseurs des monuments précieux pour l'art, et qui ont échappé comme par miracle à la destruction : elle aurait aussi pour effet de remédier aux dangers d'une trop grande division de la propriété, qui, si elle est avantageuse dans une juste proportion, *ce qui est incontestable*, devient d'un grand danger pour l'agriculture et pour la production quand elle est poussée à ses dernières limites et que le sol se trouve comme PULVÉRISÉ, événement dont la France est menacée d'ici à peu d'années.

Napoléon le Grand ne voulait pas rétablir la féodalité en fondant des Majorats ou substitutions; retenu, contre la foi des traités, sur son rocher de Sainte-Hélène, et livré à ses profondes réflexions, il passait en revue les actes principaux de son règne, et s'expliquait ainsi à cet égard :

« L'institution d'une noblesse nationale *n'est pas contraire à l'égalité*. Elle est NÉCESSAIRE au maintien de l'ordre social, aucun ordre social ne peut être fondé PAR LA LOI AGRAIRE.

« Le principe de la propriété, de la transmission par contrat de vente, donation entre-vifs ou acte testamentaire, est un principe fondamental *qui ne déroge pas à l'égalité*.

« De ce principe dérive la convention de transmettre du père au fils le souvenir des services rendus à l'État; la fortune peut être quelquefois acquise par des moyens honteux et criminels, les titres acquis par des services rendus à l'État sortent toujours d'une source pure et honorable. Leur *transmission à la postérité n'est qu'une justice.* Lorsque l'on proposa à un grand nombre d'hommes de la Révolution, *les plus partisans du principe de l'égalité*, la question de savoir si l'établissement *de ces titres héréditaires* était contraire aux principes d'égalité, tous répondirent que NON. »

Les Substitutions graduelles et perpétuelles n'ont-elles pas existé pendant dix-huit cents ans, depuis le règne d'Auguste jusqu'en 1789, et n'existent-elles pas encore soit sous le nom de Substitutions, soit sous le nom de Majorats, dans la plupart des États de l'Europe les plus étrangers au régime féodal?

On voit donc que la Féodalité est totalement étrangère à la question des Substitutions et des Majorats, la Féodalité n'ayant apparu dans le monde que postérieurement à l'invasion des barbares.

Déjà, d'accord avec le Corps législatif sur la proposition du Gouvernement, le Sénat, à l'unanimité, ne s'est pas opposé à la promulgation de la loi accordant une dotation héréditaire au duc de Malakoff et conçue dans les termes suivants :

« Une dotation annuelle de cent mille francs est accordée au maréchal Pélissier, duc de Malakoff, en récompense des services immenses qu'il a rendus à la France comme commandant en chef de l'armée d'Orient pendant la glorieuse et mémorable campagne de Crimée. Elle sera transmissible à sa descendance directe, de mâle en mâle par ordre de primogéniture, et fera retour à l'État en cas d'extinction.

« Elle sera inaliénable et insaisissable. »

Cette dotation porte évidemment le caractère d'une Substitution graduelle et perpétuelle, accompagnant le titre de duc conféré au maréchal.

M. le maréchal Magnan, qui, lui aussi, a conquis la première dignité de l'armée sur les champs de bataille, disait dans son rapport au Sénat :

« La loi présentée ne viole pas les grands principes de 1789, elle en est, selon moi, la consécration la plus éminente. Eh quoi! dans notre pays d'égalité, un homme sorti des rangs du peuple entre dans la vie sans aïeux, sans fortune, sans appui, marche seul dans sa force et dans sa liberté; il arrive par son courage, par ses services, par ses grandes qualités à la plus haute dignité de l'armée ; il est l'objet d'une grande récompense nationale, et ce ne serait pas le résultat des grands principes de 1789!...

« Le peuple français a, lui aussi, le cœur haut placé, il aime à voir de temps à autre l'un des siens arriver aux plus hautes dignités de l'armée, aux plus hautes distinctions sociales, et s'il en résulte quelques charges de plus pour lui, il les accepte sans plaintes, et avec orgueil même, car par là il participe, lui aussi, à la récompense ; en cette circonstance il sera flatté de voir un de ses enfants, illustré par un nom devenu fameux désormais, se placer à côté des grands noms de notre vieille monarchie et de notre glorieux Empire. »

Quelles nobles paroles et quelle élévation dans les sentiments !

XX

L'article 27 de la Constitution porte que le Sénat est appelé à se prononcer sur le sens des articles de la Constitution qui donnent lieu à différentes interprétations.

Le Sénat a dû s'expliquer sur l'interprétation de l'article 6, qui donne à l'Empereur le droit de faire *les traités de paix*, *d'alliance et de commerce.*

Le droit de régler des tarifs sans la sanction des Chambres se trouve-t-il compris dans celui de faire des traités de commerce? Telle était la question soumise au Sénat; l'interprétation était superflue, le droit de faire des traités de commerce emportant nécessairement le droit de régler des tarifs.

C'est ainsi que le Sénat a interprété l'article précité; il n'y a cependant *rien d'absolu* dans les choses humaines; cette maxime est de tous les temps.

Croirait-on qu'un souverain pourrait, par un traité de paix, céder la Normandie, la Bourgogne ou la Champagne [1]?

Un grand exemple se trouve dans l'histoire de France, à l'époque où nos rois exerçaient une puissance absolue. François Ier abandonne la Bourgogne par le traité de Madrid. Le traité est soumis au Parlement. L'illustre premier prési-

1. Que nous sommes éloignés d'un pareil danger dans le moment où l'Empereur réunit la Savoie et Nice à l'Empire français ! Glorieuse et pacifique conquête.

dent, Jean de Selve, déclare d'abord que le traité était nul : le roi étant prisonnier, tous ses actes se trouvent frappés de nullité, à défaut de liberté. Il ajoute : « Et quant est du duché de Bourgogne, y a des raisons pour lesquelles ledit seigneur ne le peut, ne le doit bailler, car c'est la première pairie de France, qui est inaliénable et ne peut se mettre hors de la couronne, et si ledit seigneur l'avoit baillée, il auroit baillé l'un des principaux boulevards de son royaume, et faudroit que les villes prochaines, et même cette ville de Paris, qui est le cœur et la ville capitale de ce royaume, devinssent boulevards, qui seroit une chose déraisonnable et très-dommageable pour la chose publique.

« Davantage ledit seigneur ne pourroit faire, car *il est tenu d'entretenir les droits de la couronne*, laquelle est à lui et *à son peuple et ses sujets;* à lui comme le chef, et aux peuples et sujets comme aux membres, et c'est *un mariage* fait entre ledit seigneur et ses dits sujets, et le droit de ce mariage que ledit seigneur est tenu garder est d'entretenir et conserver les droits de la couronne. »

Des traités dont le résultat serait d'anéantir le commerce, de ruiner la France, de laisser s'échapper dans des gouffres et dans des abîmes tout le numéraire, d'épuiser les ressources du pays, lieraient-ils à tel point la nation et le souverain lui-même, qu'il deviendrait impossible de s'en affranchir?

C'est alors que la maxime *Salus populi suprema lex esto* reprend tout son empire.

Une réunion d'hommes, les premiers de l'État par leur dignité, par l'éclat de leurs services, l'importance de leurs fonctions, chargés par l'article 25 de la Constitution *de la garde du pacte fondamental et des libertés publiques*, laisseraient-ils périr le pays dont le salut leur est confié?

Dans cette dernière extrémité, comme dans les grands sinistres où tous les moyens de sauvetage sont bons, le gouvernement lui-même *aurait* recours, le premier, aux articles de la Constitution conférant au Sénat le droit de sauver la patrie.

C'est dans de telles circonstances que se manifeste l'utilité des grands corps politiques.

Occupons-nous maintenant de l'article 29 de la Constitution, et de la manière dont il doit être compris.

XXI

L'article 29 est ainsi conçu : « Le Sénat maintient ou annule *tous les actes* qui lui sont déférés comme inconstitutionnels par le Gouvernement, ou dénoncés pour la même cause par les pétitions des citoyens. »

Et d'abord les jugements définitifs des tribunaux, sans autres recours possibles, qui porteraient atteinte à la Constitution, pourraient-ils être soumis à la censure du Sénat?

Les partisans de la compétence du Sénat la plus étendue, s'appliquant à tout, s'appuient sur les termes de l'article 29.

Là où *la loi ne distingue pas, on ne doit pas distinguer.* Ubi lex.... Cette maxime est de tous les temps, et l'une des bases du droit. Ici, pas de distinction. *Tous les actes*, porte l'article 29, peuvent être annulés par le Sénat, s'il les juge inconstitutionnels.

Une discussion très-grave s'est élevée dans le sein du Sénat sur l'interprétation à donner à cet article 29. Une dame Aubert de Berlaër avait attaqué, comme inconstitutionnel, devant le Sénat, un décret rendu au Contentieux, le 27 mars 1856, en matière de déclaration de domanialité.

Le rapporteur de la commission du Sénat s'exprimait ainsi :

« Un profond dissentiment s'est élevé dans le sein de la commission, sur la proposition à vous soumettre.

« La minorité a dit que, proposer au Sénat de *maintenir* le décret, c'était reconnaître qu'il avait le droit de l'annuler.

« Or, l'un des membres de la minorité pense qu'un décret rendu au contentieux ne tombe pas sous l'application de l'article 29 de la Constitution, et qu'un acte semblable ne peut même pas être soumis à l'examen du Sénat.

« Les jugements des tribunaux passés en force de chose jugée sont inattaquables.

« Le corps judiciaire forme un des pouvoirs de l'État.

« Ce pouvoir est indépendant par sa nature, l'intérêt de la société exige impérieusement que les décisions qui en émanent ne puissent, sous aucun prétexte, être revisées par un corps politique. Elles ne peuvent donc pas tomber sous l'application de l'article 29 de la Constitution de 1852 ; il suffit, pour s'en convaincre, de comparer les dispositions des Constitutions du premier Empire, avec celles de la Constitution actuelle[1].

« S'il est certain que les jugements des tribunaux sont inattaquables et ne peuvent être déférés au Sénat, il en doit être de même des décrets rendus au contentieux; car ces décrets sont de véritables décisions judiciaires, assimilables en tout aux jugements des tribunaux. »

Messieurs les commissaires du Gouvernement ont énergiquement soutenu cette doctrine devant le Sénat.

M. le baron de Crouseilhes, dont le Sénat regrette aujourd'hui vivement la perte récente, s'est exprimé ainsi sur cette grave question :

« Sous le titre modeste de réserves, M. le président du Conseil d'État a présenté des observations, pleines de modération sans doute, mais qui n'en expriment pas moins avec force une opinion formellement opposée, quant à la question générale, aux conclusions de la commission. L'orateur demande la permission de soumettre au Sénat quelques faits de législation constitutionnelle qui seront peut-être à considérer

1. La Constitution du 4 août 1802 porte formellement, art. 55, que le Sénat annule les jugements des tribunaux lorsqu'ils sont attentatoires à la sûreté de l'État.

quand la question, si elle se reproduit, devra être complétement approfondie.

« Toutes les lois fondamentales tiennent, comme en réserve, quelques dispositions destinées à subvenir à des nécessités impérieuses et à établir le meilleur ordre dans tous les pouvoirs de l'État; elles sont et doivent être d'une application très-rare.

« Non, toutes les décisions judiciaires ne sont pas, il faut bien le dire, absolument irréfragables, même quand elles sont qualifiées juridiquement passées en force de chose jugée. Il a fallu malheureusement prévoir l'abus inévitable dans toutes les choses humaines. Les tribunaux inférieurs rendent souvent, en dernier ressort, des jugements définitifs; les cours impériales sont justement qualifiées cours souveraines, et jugent souverainement nos plus grands intérêts, tout ce qui a trait à nos personnes, à nos biens, et cependant les lois constitutives de l'ordre judiciaire n'ont pu ne pas prévoir et indiquer la voie de révision qu'il y aurait à suivre si, dans quelques cas, bien rares sans doute mais possibles, vu l'imperfection et la limite de l'esprit humain, les juges avaient excédé leur pouvoir ou étaient coupables de forfaiture. L'article 80 de la loi du 27 ventôse an VIII s'exprime ainsi :

« Le Gouvernement, par la voix de son com-

« missaire, et sans préjudice du droit des parties « intéressées, dénoncera au tribunal de cassation, « section des requêtes, les actes par lesquels les « juges auraient excédé leurs pouvoirs, ou les « délits par eux commis, relativement à leurs fonc- « tions. La section des requêtes annulera ces « actes, s'il y a lieu, et dénoncera les juges à la « section civile, pour faire, à leur égard, les « fonctions de jury d'accusation. »

« Les mêmes dispositions se trouvent dans la Constitution de 1791 et dans celle de l'an III. Est-il besoin de dire que cette voie de recours tout extraordinaire est entièrement différente *des pourvois* ordinaires des parties ou du ministère public, des pourvois même faits par la partie publique, dans l'intérêt de la loi, dans l'objet d'assurer l'interprétation de quelque loi. Il s'agit ici d'une action, *autorisée dans l'intérêt général de la société, quand la société a été lésée dans un de ses principes constitutionnels, la division des pouvoirs*. Dans ce cas, la Cour de cassation *ne fait aucune difficulté d'admettre la répression prompte*, *éclatante*, telle, en un mot, que l'exige la loi du 27 ventôse an VIII, par son article 80. Ce sont les paroles d'un magistrat dont la mémoire est justement honorée et dont l'opinion fait autorité, M. Lassagny, dans un rapport sur cette grande question.

« Quelques exemples se sont produits qui suffisent pour démontrer dans quel ordre d'idées s'appliquent ces principes. En 1824, une cour royale, en entérinant des lettres patentes, y avait fait une addition; l'arrêt fut annulé, parce que « à l'autorité royale seule appartient le droit de « changer, modifier ou rectifier les actes émanés « d'elle. »

« Certes, le maintien de l'autorité régalienne était une nécessité de premier ordre, contre laquelle ne pouvait prévaloir la sentence d'une juridiction quelconque. Dans un autre cas, un arrêt avait méconnu l'un des plus grands principes de la législation moderne; il avait, contrairement à la disposition constitutionnelle écrite en tête du Code Napoléon, procédé par voie de disposition *générale et réglementaire*, en interprétant une coutume par règlement doctrinal, sans application au procès actuel; il fut annulé en vertu de cet article 80. Ce n'étaient point là des arrêts intervenus sur des pourvois ordinaires, c'étaient des actes de haute révision, annulant les décisions qui lésaient la société dans un de ses principes *constitutionnels et portaient atteinte à l'organisation sociale*. Ainsi, il faut le reconnaître, tout l'ordre judiciaire, quelle que soit l'imposante autorité des décisions, est soumis à ce haut pouvoir de la Cour de cassation, qu'on peut appeler extraordinaire, puisqu'il est autre que le pouvoir ordinaire, s'exerçant par les pourvois proprement dits.

« Et maintenant, quand la force des choses a exigé que la chose jugée par les cours de justice elles-mêmes fût assujettie à cette révision tutélaire, mais exceptionnelle, lorsqu'une *disposition formelle* de la Constitution donne au Sénat, dans des termes à peu près identiques, mais plus étendus, le *droit de maintenir ou annuler tous les actes qui lui sont déférés comme inconstitutionnels par le Gouvernement, ou dénoncés, pour la même cause, par les pétitions des citoyens ;* en présence *d'un texte* aussi *absolu*, aussi formel, une disposition de l'ordre le plus imposant, une disposition constitutionnelle, comment poser une limite, une restriction ARBITRAIRE à un principe solennel promulgué en termes si clairs? Si quelque jour (certes, contre toute attente), on signalait dans un arrêt de la Cour de cassation elle-même une erreur matérielle, une inconstitutionalité flagrante, funeste peut-être à l'État, que faire?... Faudrait-il courber la tête, se résigner et déclarer que, pour ce cas (qui ne se produira sans doute pas, mais qu'il faut prévoir), le Sénat ne peut user de la faculté de préservation que lui donne l'article 29?

« Il ne s'agit pas d'une prérogative à créer ; il ne s'agit pas d'une interprétation d'un texte douteux ; le texte de l'article 29 est parfaitement clair,

général et absolu, et d'ailleurs, l'inconstitutionalité est une chose précise ; il ne s'agit pas de porter atteinte au droit ordinaire de juger, qui demeure dans toute *sa souveraineté*. Il ne peut y avoir à discuter le bien ou le mal jugé, ni même l'application exacte des lois ; mais, lorsque ces hautes juridictions, par une erreur sans doute improbable, mais possible, seraient sorties du cercle de leurs attributions légales et auraient usurpé un autre pouvoir, serait-il possible que l'article 29 n'eût pas été fait précisément pour remédier à ce véritable danger social ? Le Sénat est législateur par voie de Sénatus-consulte, il interprète la Constitution, il est gardien *du pacte fondamental et des libertés publiques* ; et lorsque, pour l'accomplissement de cette haute mission, l'article 29 lui confère expressément le droit d'*annuler les actes inconstitutionnels*, quelle serait donc la nature ou la forme d'*un acte* qui pourrait conserver sa puissance usurpée, en présence de la disposition textuelle qui donne le droit de répression au Sénat ? »

Au fond, la demande de la dame de Berlaër ne présentait aucune cause d'inconstitutionalité ; il fut convenu que la décision portant que le Sénat *maintenait le décret du* 27 *mars* 1856 ne tirerait dans aucun cas à conséquence pour l'avenir, et que toutes les opinions demeureraient réservées, quant à présent, sur la question; ce qui faisait dire au rapporteur de la commission : « le Gouvernement et la commission sont donc d'accord sur ce point que la question de l'application de l'article 29 de la Constitution aux décisions judiciaires est pleinement réservée, et que, s'il se présente jamais une nouvelle occasion de la discuter, chacun sur la question préalable pourra parler dans la plénitude de son droit. »

Sous le premier Empire, le Sénat n'était saisi de l'inconstitutionalité des lois que par le Gouvernement, le Tribunat ou par un Sénateur, il ne le fut jamais par les pétitions des citoyens.

C'est une bien grande innovation.

Il y a toujours dans un État des hommes ennemis du Gouvernement, qui cherchent, par tous les moyens possibles, à l'ébranler. Il y en a d'autres qui sont à l'affût de toute infraction ou prétendue infraction à la loi pour la dénoncer. Il faut donc s'attendre à ce que le Sénat soit très-fréquemment saisi, par les pétitions des citoyens, d'infractions, prétendues ou réelles, à la Constitution. Tôt ou tard le Sénat sera appelé à se prononcer sur la question réservée, à l'occasion de la pétition de la dame de Berlaër.

Le Gouvernement (et, sous ce rapport, nous n'avons rien à craindre du Gouvernement de l'Empereur) pourrait, s'il le voulait, anéantir l'ordre judiciaire en élevant des conflits d'attributions sans un juste motif et en dehors de toutes les règles, ce qui remplacerait les anciennes évocations, contre lesquelles la nation et les parlements réclamèrent avec tant de force; ce fut l'un des griefs si vivement reprochés à l'ancienne monarchie.

L'article 29 devrait alors, sur la dénonciation des citoyens, être appliqué avec énergie par le Sénat. Des conflits élevés par l'autorité administrative, hors les cas prévus par les lois, seraient bien certainement des actes inconstitutionnels soumis à la censure du premier corps de l'État.

La compétence de l'ordre judiciaire, si nécessaire à maintenir pour conserver la liberté des citoyens, serait ainsi sauvegardée.

XXII

Nous terminons ces considérations sur les attributions du Sénat.

Espérons que le repos de la France est assuré pour longtemps, par la Constitution donnée au pays par Napoléon III. Mais que de réflexions diverses surgissent, quand on cherche à deviner le sort futur des sociétés modernes!

Par quelles institutions les peuples seront-ils régis un jour, et que sortira-t-il plus tard du mouvement général des esprits, dont nous sommes en ce moment les témoins? Les nations seraient-elles destinées à passer successivement de l'anarchie au despotisme militaire, et du despotisme à l'anarchie, sans appui certain, dans un mouvement continuel et désordonné?

Les anciennes institutions ont péri avec la monarchie en 1789. On ne reverra plus la Royauté du droit divin, elle ne pourra jamais se relever après le coup funeste qui l'a frappée le 21 janvier 1793.

Reviendra-t-on un jour à ce que l'on appelle le gouvernement parlementaire, renversé totalement en 1848? C'est la pensée favorite de beaucoup d'hommes très-recommandables qui y croient encore, malgré l'expérience du passé.

Ce mode de gouvernement a-t-il fait son temps? Ou au contraire une nouvelle expérience aurait-elle chance de réussir? L'éducation des peuples est-elle assez avancée pour que ce moyen de les gouverner soit possible? Les hommes qui arriveraient au pouvoir et ceux qui en sortiraient *feraient-ils la paix* cette fois, corrigés par l'expérience? Les ministres déchus cesseraient-ils de troubler l'État et de le conduire à sa perte? L'ambition serait-elle morte dans leurs cœurs?

Nous posons ces questions sans avoir la prétention de les résoudre.

Notre travail était terminé au moment où l'Empereur a cru devoir donner aux discussions du Sénat une entière publicité.

Ce nouvel état de choses confère au Sénat une plus grande influence dans le gouvernement du pays ; les discours prononcés dans son sein l'ont déjà prouvé suffisamment.

On pourra désormais apprécier avec quel soin sont discutées et traitées toutes les questions qui lui sont soumises.

APPENDICE A.

Le cardinal Dastorga, archevêque de Tolède, prélat plein de douceur, d'onction, d'affabilité, fréquentait peu la cour, quoique Madrid fût de son diocèse. Il jouissait de plus de *huit cent mille livres de rente* et ne dépensait pas *cent mille francs;* il donnait le surplus aux pauvres.

Il disait au duc de Saint-Simon en mission à Madrid :

« Hélas! que vos évêques se gardent bien de faire comme nous. Peu à peu Rome nous a subjugués, mais *anéantis au point que nous ne sommes plus rien dans nos diocèses.*

« De simples prêtres inquisiteurs *nous font la leçon;* ils se sont emparés de la doctrine et de l'autorité. *Un valet* nous apprend tous les jours qu'il y a une ordonnance de doctrine ou de discipline affichée à la porte de nos cathédrales sans que nous en ayons la moindre connaissance. *Il faut obéir sans réplique.*

« Ce qui regarde la correction des mœurs est encore de l'inquisition. Quant aux matières de l'officialité, il ne tient à ceux qui y ont affaire de laisser les officialités et d'aller *au tribunal de la nonciature*, ou, s'ils ne sont pas contents des officialités, *d'appeler de leur jugement au nonce*, de sorte qu'il ne nous reste *que l'ordination et la confirmation, sans aucune sorte d'autorité*, et que nous ne sommes plus évêques diocésains. Le pape est diocésain immédiat de tous nos diocèses, et nous n'en sommes que des vicaires *sacrés et mitrés* pour faire des prêtres et des fonctions manuelles, sans oser nous mêler que d'être aveuglement soumis à l'inquisition, à la nonciature, à tout ce qui vient de Rome, et, s'il arrivait à un évêque de leur déplaire en la moindre chose, le châtiment suit incontinent sans qu'aucune allégation ou excuse puisse être reçue, parce qu'il faut une soumission MUETTE ET DE BÊTE.

« La prison, l'envoi *lié et garrotté* à l'inquisition, souvent à Rome, sont des exemples devenus rares, parce qu'ils ont été fréquents, et *qu'on n'ose plus s'exposer à la moindre chose*, quoiqu'il y en ait encore de récents en cette dernière sorte.

« Voyez donc, monsieur, ajouta-t-il, quelle force peut donner à la Constitution l'acceptation des évêques des pays réduits à cette *soumission d'esclaves* tels que nous sommes en Espagne, en Portugal et en Italie, à plus forte raison les universités, les docteurs particuliers et les corps séculiers, réguliers et monastiques.

« Mais je vous dirai bien pis, ajouta-t-il avec un air pénétré. Croyez-vous que pas un de nous eût osé accepter la Constitution si le pape ne nous l'eût pas fait commander par son nonce. *L'accepter eût été un crime* qui eût été très-sévèrement châtié. C'eût été entreprendre *sur l'autorité infaillible et* unique du pape dans l'Église, parce que, oser accepter ce qu'il décide, *c'est juger qu'il décide bien.* Or, que sommes-nous pour joindre notre jugement à celui du pape, ce serait un *attentat; dès qu'il parle, nous n'avons que le silence en partage, l'obéissance et la soumission muette et aveugle, baisser la tête sans voir, sans lire, sans nous informer de rien, en pure adoration.* Ainsi même, bien loin d'oser contredire, proposer quelque chose, demander quelque explication, *il nous est interdit d'approuver, de louer, d'accepter en un mot toute action, tout mouvement, toute marque de sentiment et de vie.* »

Il s'attendrit sur un malheur si funeste à l'Église et si contraire à la vérité et à la pratique de tous les siècles.

(*Saint-Simon*, t. XXIX, p. 167.)

APPENDICE B.

PRÉAMBULE DE LA DÉCLARATION DU CLERGÉ EN 1682.

« Plusieurs personnes s'efforcent de ruiner les décrets de l'Église gallicane et ses libertés que nos ancêtres ont soutenues avec tant de zèle, et de renverser leurs fondements qui sont appuyés sur les saints canons et sur les traditions des Pères. D'autres, sous prétexte de la défendre, ont la hardiesse de donner atteinte à la primauté de saint Pierre et des pontifes romains, ses successeurs, institués par Jésus-Christ; d'empêcher qu'on ne leur rende l'obéissance que tout le monde leur doit, et de diminuer la majesté du saint-siége apostolique qui est respectable à toutes les nations où l'on enseigne la vraie foi de l'Église et qui conservent son unité, Les hérétiques, de leur côté, mettent tout en œuvre pour faire paraître cette puissance, qui maintient la paix de l'Église, insupportable aux rois et aux peuples, et ils se servent de cet artifice afin de séparer les âmes simples de la communion de l'Église.

« Voulant donc remédier à ces débordements, nous, archevêques et évêques assemblés à Paris, sur un ordre du roi, avec les autres ecclésiastiques députés qui représentent l'Église gallicane, avons jugé convenable, après une mûre délibération, de faire les règlements et déclarations qui suivent.

DÉCLARATION DE 1682.

« 1° Que saint Pierre et ses successeurs, vicaires de Jésus-Christ, et que toute l'Église même n'ont reçu de puissance de Dieu que sur les choses spirituelles et qui concernent le salut, et non point sur les choses temporelles et civiles. Jésus-Christ nous apprenant lui-même *que son royaume n'est pas de ce monde*, et en un autre endroit, *qu'il faut rendre à César ce qui est à César et à Dieu ce qui est à Dieu*, et qu'ainsi ce précepte de l'apôtre saint Paul ne peut en rien être altéré ou ébranlé; *que toute personne soit soumise aux puissances supérieures, car il n'y a pas de puissance qui ne vienne de Dieu, et c'est lui qui ordonne celles qui sont sur la terre,* celui donc qui s'oppose aux *puissances résiste à l'ordre de Dieu.*

« Nous déclarons, en conséquence, que les rois et les souverains ne sont soumis à aucune puissance ecclésiastique par l'ordre de Dieu dans les choses temporelles, qu'ils ne peuvent être déposés directement ni indirectement par l'autorité des chefs de l'Église, que leurs sujets ne peuvent être dispensés de la soumission et de l'obéissance qu'ils leur doivent ou absous du serment de fidélité, et que cette doctrine, nécessaire pour la tranquillité publique, et non moins avantageuse à l'Église qu'à l'État, doit être invariablement suivie comme conforme à la parole de Dieu, à la tradition des saints pères et aux exemples des saints;

« 2° Que la plénitude de puissance que le saint-siége apostolique et les successeurs de saint Pierre, vicaires de Jésus-Christ, ont sur les choses spirituelles est telle, que néanmoins les décrets du saint concile œcuménique de Constance, contenus dans les sessions IV et V, approuvés par le saint-siége apostolique, confirmés par la pratique de toute l'Église et des pontifes romains et observés religieusement dans tous les temps par l'Église gallicane, demeurent dans leur force et vertu, et que l'Église de France n'approuve pas l'opinion de ceux qui donnent atteinte à ces décrets ou qui les affaiblissent en disant que leur autorité n'est pas bien établie, qu'ils ne sont pas appréciés ou qu'ils ne regardent que le temps du schisme;

« 3° Qu'ainsi il faut régler l'usage de la puissance apostolique en suivant les canons faits par l'esprit de Dieu et consacrés par le respect général de tout le monde; que les règles, les mœurs et les constitutions reçues dans le royaume et dans l'Église gallicane, doivent avoir leur force et vertu, et les usages de nos pères doivent demeurer inébranlables. Qu'il est même de la grandeur du saint-siége apostolique que les lois et coutumes, établies du consentement de ce siége respectable et des églises, aient l'autorité qu'elles doivent avoir;

« 4° Que quoique le pape ait la principale part dans les questions de foi, et que ses décrets regardent toute l'Église et chaque Église en particulier, son jugement n'est pourtant irréformable, à moins que le consentement de l'Église n'intervienne.

« Ce sont les maximes que nous avons reçues de nos pères et que nous avons arrêté d'envoyer à toutes les Églises gallicanes et aux évêques que le Saint-Esprit y a établis pour les gouverner, *afin que nous disions tous la même chose, que nous soyons tous dans les mêmes sentiments et que nous maintenions* tous la même doctrine. »

APPENDICE C.

ARTICLES AU NOMBRE DE SIX ADOPTÉS PAR LA FACULTÉ DE THÉOLOGIE EN 1663 A LA DEMANDE DU ROI.

1° Que ce n'est pas la doctrine de la faculté que le pape ait aucune autorité sur le temporel du roi; qu'au contraire elle a toujours résisté, même à ceux qui n'ont voulu lui attribuer qu'une puissance indirecte;

2° Que c'est la doctrine de la faculté que le roi ne reconnaît, et n'a d'autre supérieur, au temporel, que Dieu seul, que c'est son ancienne doctrine, de laquelle elle ne se départira jamais;

3° Que c'est la doctrine de la même faculté que les sujets du roi lui doivent tellement la fidélité et l'obéissance, qu'ils n'en peuvent être dispensés sous quelque prétexte que ce soit;

4° Que la même faculté n'approuve point et qu'elle n'a jamais approuvé aucunes propositions contraires à l'autorité du roi ou aux véritables libertés de l'Église gallicane et aux canons reçus dans le royaume, par exemple que le pape puisse déposer les évêques contre la disposition des mêmes canons;

5° Que ce n'est pas la doctrine de la faculté que le pape soit au-dessus du concile général;

6° Que ce n'est pas la doctrine ou un dogme de la faculté que le pape soit infaillible, lorsqu'il n'intervient aucun consentement de l'Église.

Le Parlement ordonne que les articles de la faculté de théologie de Paris soient reçus et enseignés dans toutes les universités du royaume.

FIN.

PARIS. — IMPRIMERIE DE CH. LAHURE ET Cie
Rues de Fleurus, 9, et de l'Ouest, 21

www.ingramcontent.com/pod-product-compliance
Lightning Source LLC
LaVergne TN
LVHW020450230826
846091LV00004B/1624
9782016129296